Charlotte Hütten (Hrsg.)
In der Witzebäckerei
Die besten Weihnachtswitze

W0059203

Charlotte Hütten (Hrsg.)

In der Witzebäckerei

Die besten Weihnachtswitze

Mit Illustrationen von Steffen Gumpert

Ravensburger

MIX
Papier | Fördert
gute Waldnutzung
FSC® C111262

1 3 5 4 2

Erstmals erschienen 2019 unter dem Titel:
„Lustig rieselt der Schnee! Die genialsten Weihnachtswitze"
beim Ravensburger Verlag GmbH

Neuausgabe
© 2023 Ravensburger Verlag GmbH
Postfach 2460, 88194 Ravensburg

Umschlag- und Innenillustration: Steffen Gumpert

Alle Rechte vorbehalten

Printed in Germany

ISBN 978-3-473-53134-9

ravensburger.com

Inhalt

Lustige
Adventszeit

Fragt die kleine Lilly den Nikolaus: „Musst du dein Gesicht auch waschen oder nur kämmen?"

Die Kuh Berta war auf einer rauschenden Weihnachtsfeier. Als sie auf dem Weg zu ihrer Weide von einem Polizisten kontrolliert wird, sagt sie begeistert: „Stellen Sie sich vor, mein Mann ist auch Bulle!"

Es ist kurz vor Weihnachten. Zwei Dalmatiner gehen bei Glatteis die Straße entlang. Sagt der eine: „Ganz schön glatt heute, man traut sich ja kaum, ein Bein zu heben."

„Ich bin in der Schule immer sehr fromm und habe mit Sicherheit ein großes Geschenk verdient", sagt Beate zum Weihnachtsmann.
„Ach ja?", fragt dieser.
„Ja. Denn immer, wenn ich eine Frage der Lehrerin beantworte, schlägt sie die Hände über dem Kopf zusammen und sagt: ,Mein Gott, mein Gott!'"

Der Schulchor probt ein Weihnachtslied. Sagt die Lehrerin zu Monika: „Bitte sing uns mal die Note A!" Monika summt das A.
„Sehr gut, und jetzt bitte ein C!" Monika summt ein C.
„Hervorragend. Und jetzt G!" Monika steht auf und geht.

9

Lieber Nikolaus,
ich war das ganze Jahr über sehr
brav und wirklich lieb,
ok, fast immer,
also ... ich meine oft,
na schön, ab und zu –
okay, ich werde es mir selbst kaufen.

Kommt ein Mann ins Süßwarengeschäft und sagt: „Ich hätte gerne 98 Schokonikoläuse." Fragt die Verkäuferin: „Warum nehmen Sie denn nicht gleich 100?"
„100?! Wer soll die denn alle essen?"

Charlotte übt seit mehr als einer Stunde ein Weihnachtslied auf ihrer Klarinette. Genervt kommt ihr älterer Bruder ins Zimmer und fragt: „Könntest du mit dem Üben nicht warten, bis du besser spielst?"

Im Musikunterricht trägt Vincent ein Weihnachtslied vor. Leider kann er überhaupt nicht singen. Als er fertig ist, sagt die Lehrerin: „Das werde ich so schnell nicht vergessen ... Aber ich versuche es."

Liegen zwei Lebkuchen im Ofen.
„Ganz schön heiß hier", stöhnt der eine.
„Hilfe, ein sprechender Lebkuchen!", ruft der andere.

Am zweiten Advent hat die Maus den Elefanten zu Kaffee und Kuchen in ihre Wohnung eingeladen. Während die beiden vorsichtig die Kellertreppe hinunterschleichen, warnt die Maus den Elefanten: „Pass bloß auf, da stehen überall Mäusefallen rum!"

Iris geht kurz vor Weihnachten in die Zoohandlung und möchte einen Eisbären kaufen. Die Verkäuferin erklärt: „Da haben wir einen, der ist ganz zahm und lieb. Du darfst ihm nur auf gar keinen Fall an die Nase fassen!" Iris kauft den Eisbären und nimmt ihn mit nach Hause. Alles klappt hervorragend. Doch an Heiligabend hält sie es vor Neugier nicht mehr aus. Sie fasst dem Bären an die Nase. Da springt der Eisbär mit Gebrüll auf sie los. Iris läuft davon, so schnell sie kann. Treppe runter, Treppe rauf, um den Weihnachtsbaum, um den feierlich gedeckten Tisch, doch der Eisbär ist ihr immer noch dicht auf den Fersen. Schließlich bleibt Iris erschöpft stehen, der Eisbär tippt ihr von hinten mit der Pranke auf die Schulter und sagt: „Du bist dran!"

Kommen zwei Flöhe vom Weihnachtseinkauf. Fragt der eine den anderen: „Hüpfen wir nach Hause oder nehmen wir uns einen Hund?"

Maria schreibt einen Brief an den Weih-
nachtsmann. Plötzlich richtet sie sich auf
und starrt angestrengt vor sich hin.
„Fehlt dir was, Schatz?", fragt ihre Mutter.
„Es lag mir eben noch auf der Zunge und
jetzt ist es weg!"
„Denk gut nach, dann kommt es
bestimmt wieder", rät die Mutter.
„Das glaube ich nicht. Es war nämlich die
Briefmarke!"

✶✹✺✰✸✺✶✰✸✺✥✸✺✶✰✸✺✶✹✺✹

Die Lehrerin fragt ihre dritte Klasse: „Wer
kann mir sagen, woher die Babys kommen?"
Konstantin antwortet: „Vom Klapperstorch."
„Mein Schwesterchen hat das Christkind
gebracht", meint Dorothea.
„Und was glaubst du, Jasmin?", fragt die
Lehrerin.
„Ja, wissen Sie, Frau Lehrerin", erklärt Jasmin
schüchtern, „wir haben nicht so viel Geld. Bei
14 uns macht Papa die Kinder selbst."

✶✹✺✰✸✺✶✰✸✺✥✸✺✶✰✸✺✶✹✺✹

Dennis ist der Witzbold der Klasse. Er geht mit seinen Freunden über den Weihnachtsmarkt.

Gerade kommen sie an einer Würstchenbude vorbei.

„Heiße Würstchen! Heiße Würstchen!", ruft die Verkäuferin.

Dennis verbeugt sich höflich und sagt:

„Angenehm. Heiße Beyer!"

Treffen sich zwei Weihnachtsplätzchen. Sagt das eine: „Komm, wir verkrümeln uns!"

Kurz vor den Weihnachtsferien schlägt die Lehrerin ihren Schülern vor: „So, jetzt malt doch mal ein Rentier, das auf einer Wiese steht."
Alle Kinder gehen fleißig ans Werk, nur Eriks Blatt bleibt leer. „Wo sind denn das Rentier und die Wiese?", fragt die Lehrerin. „Das Rentier hat das Gras aufgefressen und ist dann weggelaufen", antwortet Erik.

Es ist die Woche vor Weihnachten und Frieda will eine gute Tat vollbringen.

Sie geht in den Supermarkt und sagt ehrlich zur Kassiererin: „Sie haben sich gestern beim Herausgeben um 10 Euro geirrt."

„Das kann ja jeder sagen", gibt die Kassiererin unfreundlich zurück. „Das hättest du gleich sagen müssen, jetzt ist es dafür zu spät!"

Darauf Frieda: „Na gut, dann behalte ich eben das Geld!"

Auf der Suche nach einem Weihnachtsgeschenk geht Frau Schonhardt in die Tierhandlung und möchte feilschen.

„Wie viel kostet dieses Kaninchen?", fragt sie.

Darauf der Verkäufer: „Dreißig Euro."

„Wie wäre es mit der Hälfte?"

„Tut mir leid, wir verkaufen nur ganze Kaninchen."

*Die kleine Klara besucht mit ihren Eltern
den Weihnachtsmann im Einkaufszentrum.
Der Weihnachtsmann fragt: „Und bist du auch
schön fleißig in der Schule?"
Darauf Klara: „Sicher, erst heute habe ich einen
Aufsatz geschrieben. Das Thema lautete: ‚So
stelle ich mir die perfekte Schule vor'."
„Und was hast du geschrieben?"
„Geschlossen."*

**Die kleine Suse möchte ein Weihnachtspäckchen
an ihre Großmutter verschicken.
Sagt die Postbeamtin: „Das Päckchen ist zu
schwer. Da musst du noch ein paar
zusätzliche Marken draufkleben."
„Aber dann wird es ja noch schwerer!"**

Herr Merkel erzählt stolz im Büro: „Meine Frau
darf sich zu Weihnachten wünschen, was sie will."
„Und was wünscht sie sich?"
„Seit fünf Jahren Diamantohrringe."

Zwei befreundete Hellseher treffen sich auf dem Weihnachtsmarkt.
Sagt der eine: „Dir geht's gut, und wie geht's mir?"

Unterhalten sich die Hellseher weiter:
„Du, dieses Jahr wird's weiße Weihnachten geben."
„Ach ja, das erinnert mich an Weihnachten 2027!"

„Was strickst du denn so fleißig?"
„Ein Weihnachtsgeschenk für dich, natürlich."
„Und was wird das?"
*„Mal schau'n, so genau weiß ich es
selbst noch nicht."*

**Der Weihnachtsmann im Kaufhaus
zur kleinen Mareike: „Hast du
auch immer schön deine
Hausaufgaben gemacht?"
„Nein."
„Oh, das werde ich dann wohl
deiner Mutter sagen müssen."
„Das nützt nicht viel, Herr
Weihnachtsmann, die wird sie
auch nicht machen."**

Zwei Kühe stehen im Stall. Die eine wackelt
heftig mit ihrem Euter.

20 Fragt die andere: „Was machst du denn da?"
„Morgen ist doch Heiligabend. Ich schlage schon
mal die Sahne für den Nachtisch."

Der Weihnachtsmann ist zu Besuch in
einer Grundschule.
Fragt er den kleinen Frederik: „Und
kannst du schon das Alphabet?"
„Klar, schon bis tausend!"

„Und wie viele Kinder seid ihr zu Hause?",
möchte der Weihnachtsmann von der
kleinen Trude wissen, als er ihre Klasse
besucht.
„Fünf Mädchen, Herr Weihnachtsmann –
und jede hat noch einen Bruder."
„Donnerwetter! Dann seid ihr also zehn
Kinder!"
„Nö, Herr Weihnachtsmann, wir sind sechs!"

In der Adventszeit macht die Klasse 5b
einen Ausflug in den Zoo.
„Karsten", mahnt die Lehrerin, „geh nicht zu
nah an die Eisbären. Du bist sowieso schon
erkältet!"

Was macht ein Schwabe mit einer
Adventskerze vor dem Spiegel?
Er feiert den 2. Advent.

Frau Meister geht zum Schreiner:
„Ich hätte gerne eine Kiste, 3 cm
hoch, 3 cm breit und 30 m lang!"
„Wofür denn das?"
„Ich möchte meiner
Schwiegermutter einen
Gartenschlauch als
Weihnachtsgeschenk schicken."

Nachdenklich betrachtet Gustav die bunt
gemischten Süßigkeiten in seinem Nikolausstiefel.
Besonders die Schokolade gibt ihm Rätsel auf.
Fragt er seine Mutter: „Du Mama, was ist
eigentlich in Vollmilchschokolade drin?"
„Na, Vollmilch natürlich!"
„Und in Kinderschokolade?"

Es ist der dritte Advent. Veronika
und Katja stehen am Bahnhof und
warten auf den Zug.
Sagt Veronika: „Brrr, ist mir kalt!"
Darauf Katja: „Kein Wunder, du
stehst ja auch direkt vor dem
Winterfahrplan!"

In der letzten Schulstunde vor den Winterferien dürfen die Kinder ein Weihnachtsbild malen. Lara zeichnet Maria und Josef, das Jesuskind in der Krippe, die Heiligen Drei Könige, die Hirten, den Ochsen, den Esel und den leuchtenden Weihnachtsstern. Zwischen Maria und Josef setzt sie noch ein Männchen mit einem kugelrunden Bauch, kurzen Beinchen und Ärmchen. Besonders gut gelingt ihr das fröhliche Lachen des kleinen Mannes.

Als der Lehrer Laras Bild betrachtet, wundert er sich. „Wer ist denn das?", möchte er wissen und deutet auf das Männlein.

„Das ist Owi", erklärt Lara stolz. Der Lehrer versteht noch immer nicht, da fragt Lara erstaunt: „Kennen Sie denn das Lied gar nicht? Stille Nacht, Heilige Nacht, Gottes Sohn, Owi, lacht!"

„Wie schaffen Sie es, dass Ihre Kinder nicht jetzt schon alle Weihnachtsplätzchen aufessen?", fragt Frau Peters ihre Nachbarin Frau Michels.
„Ganz einfach", sagt Frau Michels, „ich sperre die Plätzchen in die Vorratskammer und verstecke den Schlüssel unter der Seifenschale im Bad."

✻✻☆✻✻☆✻✻🎁✻✻☆✻✻✻✻☆✻✻

Warum klettern Ostfriesen Anfang Dezember nur noch durch das Fenster?
Weil Weihnachten vor der Tür steht!

25

✻✻☆✻✻✻☆✻✻🎁✻✻☆✻✻✻✻☆✻✻

In der Woche vor Weihnachten macht die Klasse 5a einen Skiausflug in die Berge. Bei der ersten Abfahrt stoßen zwei Schüler zusammen und verheddern sich. „Hilfe!", ruft der eine. „Ich habe kein Gefühl mehr in den Beinen." „Kunststück", entgegnet der andere, „wenn du die ganze Zeit in meine Beine kneifst!"

Markus und Joachim haben fleißig beim Schmücken der Aula für die große Weihnachtsfeier geholfen.

„Das habt ihr wirklich sehr schön gemacht", lobt die Klassenlehrerin sie. Dann sieht sie sich die beiden näher an, deren Kleidung bei der Arbeit ziemlich schmutzig geworden ist, und sagt: „Es wäre gut, wenn ihr beide vor dem großen Fest die Pullover wechseln würdet."

Als sie weg ist, sagt Markus irritiert zu Joachim: „Was verspricht sie sich davon, wenn du meinen Pulli anziehst und ich deinen?"

Gegen Ende der Weihnachtsfeier bittet der Chef seine Mitarbeiterin: „Frau Peters, würden Sie uns jetzt etwas vorsingen?"

Frau Peters zögert: „Die meisten sind doch schon am Aufbrechen."

„Ja, aber ich möchte sichergehen, dass dann auch wirklich alle gehen."

Kommt ein Mann auf der Suche nach einem Weihnachtsgeschenk in die Tierhandlung und fragt: „Haben Sie auch Affen?" Antwortet die Verkäuferin: „Moment, ich hole mal den Chef!"

✳❊☆✳✲☆✳✲☆❊✳✲☆✳✲☆✳✲❊

Jasmin versucht es noch einmal: „Mama, kaufst du mir bitte die neuen Stiefel?"

„Zum Donnerwetter", schimpft die Mutter, „ich habe bereits mehrmals Nein gesagt."

„Na schön, dann hole ich jetzt meine Geige und übe Weihnachtslieder!"

Was gibt es im Dezember, was es sonst in keinem anderen Monat gibt? Den Buchstaben D.

28

Ein Mann möchte über die Feiertage nach Hause fahren. Keuchend kommt er am Bahnsteig an und ruft einem Bahnbeamten zu: „Erwische ich den Zug nach Frankfurt noch?"

„Kommt darauf an, wie schnell Sie laufen können. Abgefahren ist er vor fünf Minuten."

Es ist kurz vor Weihnachten, die Seen sind zugefroren, und im Sportunterricht steht Eishockey auf dem Stundenplan. Dabei ermahnt der Lehrer die Schüler: „Spielt bitte nicht zu hitzig! Denkt an das Eis!"

„Wo wurde Jesus geboren?", will der Lehrer in der Religionsstunde wissen.

„In Erkorn, Herr Lehrer!", ruft Isabelle voller Überzeugung.

Der Lehrer ist irritiert. „Wie kommst du denn darauf?"

„Na, wir singen doch immer: Uns ist ein Kindlein heut gebor'n – von einer Jungfrau aus Erkorn!"

Zwei Schneeflocken begegnen sich auf ihrer Reise zur Erde.

„Wohin?", fragt die eine.

„In die Alpen zum Skifahren. Und du?"

„An die Nordsee – Verkehrschaos verursachen."

Zwei Hühner kaufen Weihnachtsgeschenke. In der Küchenabteilung eines Kaufhauses bleiben sie stehen und sehen sich Eierbecher an. Stellt das eine bewundernd fest: „Schicke Kinderwagen haben die hier!"

„Ach, Mama, zu Weihnachten möchte ich ja so gerne ein Pony haben!", bettelt Maike.

„Das ist doch gar kein Problem", meint da ihre Mutter, „du musst sowieso mal wieder zum Friseur."

Ramona kommt zu ihrer Mutter ins Wohnzimmer und erzählt: „Mama, im Treppenhaus stehen zwei Männer und singen Weihnachtslieder."

„Na, dann gib ihnen fünfzig Cent und sag, sie sollen wieder gehen."

„Das trau ich mich nicht", sagt Ramona, „der eine ist nämlich Papa."

Zwei Kerzen am Adventskranz unterhalten sich. Fragt die eine: „Ist Wasser eigentlich gefährlich?" Antwort der anderen: „Davon kannst du ausgehen."

In der Vorweihnachtszeit stellt eine Künstlerin zum ersten Mal ihre Werke aus. Ihr Lieblingsmotiv ist ein Schneesturm. Ein Besucher lobt: „Wunderschön. Nur schade, dass Sie immer so ein Pech mit dem Wetter haben!"

„Wusstest du, dass man drei Schafe für einen Weihnachtspullover braucht?"
„Ich wusste gar nicht, dass Schafe stricken können."

„Mama, das ferngesteuerte Auto kannst du von meinem Wunschzettel wieder streichen. Ich habe vorhin zufällig ein ganz tolles in der Vorratskammer gefunden!"

„Sag mal, wieso bekommst du eigentlich immer genau das zu Weihnachten, was du dir wünschst?"
„Ganz einfach. Zwei Wochen vor Weihnachten fange ich an im Schlaf zu sprechen!"

Der Vater stürmt aufgebracht in Simons Zimmer: „Da ist eine Riesenpfütze im Flur bei deinen Winterschuhen."

33

„Reg dich nicht auf, Papa. Das ist doch Schnee von gestern."

Am letzten Schultag vor den Weihnachtsferien kommt Maike stolz aus der Schule nach Hause: „Heute hast du mir echt ein tolles Pausenbrot gemacht, Mama. Ich konnte es für fünf Euro verkaufen!"

Es ist der Morgen vor Weihnachten und vor dem Spielzeuggeschäft hat sich schon eine lange Schlange gebildet. Ein älterer Herr drängelt sich an den Menschen vorbei ganz nach vorne. Da packt ihn ein kräftiger Kerl am Kragen und schnauzt ihn an: „Sie stellen sich gefälligst hinten an!"
Der ältere Herr gehorcht mit hochrotem Kopf, versucht es aber nach einer halben Stunde noch einmal. Da schickt ihn der kräftige Kerl wieder nach hinten.
„In Ordnung", gibt der ältere Herr klein bei. „Dann schließe ich den Laden heute eben nicht auf."

Fällt ein Weihnachtsplätzchen runter. Bricht sich 'nen Krümel.

„Jetzt ist es an der Zeit für alle braven Kinder, ins Bett zu gehen", sagt die Mutter am Abend vor Weihnachten.

„Mami. Erinnere dich. Du hast gesagt, dass ich heute gar nicht brav war", erwidert Jonathan gelassen.

Das Thema des Schulaufsatzes lautet: ‚Wenn ich der Weihnachtsmann wäre'. Alle schreiben fleißig, nur Martin schaut gelangweilt aus dem Fenster. Fragt die Lehrerin: „Martin, warum schreibst du denn nichts?" „Ich warte auf meinen Elf. Der erledigt das für mich!"

Herr und Frau Zeiß besuchen das
Adventskonzert im städtischen
Theater. Beim Rausgehen empört
sich Frau Zeiß über das großzügige
Trinkgeld, das ihr Mann der
Garderobenfrau gegeben hat.
Herr Zeiß flüstert: „Sei still, sieh dir
lieber mal den schönen Mantel
an, den sie mir gegeben hat!"

Die Bewohner des Nordpols

11 Rentiere wollen ins Kino. „Hey, komm mit!", rufen sie einem weiteren Rentier zu. „Wir brauchen dich, der Film ist erst ab 12!"

„Papi, Papi, wo ist eigentlich der Nordpol?", will Max wissen.
„Keine Ahnung", erwidert der.
„Frag Mama. Die hat aufgeräumt."

Am Nordpol findet eine große Talentshow statt, bei der der beste Witzeerzähler gesucht wird. In der Jury sitzen der Weihnachtsmann, die Elfe Maren und ein Rentier; außerdem gibt es viele Zuschauer. Die ersten paar Witze sind alle eher mäßig. Schließlich ist Knecht Ruprecht dran und erzählt einen absolut genialen Witz, alle kringeln sich vor Lachen, die Zuschauer fallen von den Stühlen. Nur der Weihnachtsmann verzieht keine Miene. Also muss Knecht Ruprecht runter von der Bühne und darf nicht weitermachen. Es folgen weitere Beiträge, die eher langweilig sind. Schließlich ist der Eisbär dran. Sein Witz ist so lahm, so alt und so schlecht, dass die Zuschauer nur „Geh nach Hause!" brüllen. Der Weihnachtsmann aber fängt an zu kichern, wird immer lauter, ruft abwechselnd „Super!", „Hervorragend!" und schüttelt sich schließlich so sehr vor Lachen, dass er kurz vor die Tür gehen muss, um sich zu beruhigen.

Als er wieder hereinkommt, fragt ihn das Rentier: „Sag mal, Weihnachtsmann, was war denn das jetzt?" Der Weihnachtsmann fängt schon wieder an zu kichern, japst noch ein paarmal und bringt dann mühsam heraus: „Oh Mann, Knecht Ruprechts Witz – der war vielleicht gut!"

Knecht Ruprecht ist einfach für nichts zu begeistern. Als der Weihnachtsmann ihm vorschlägt eine Weltreise zu machen, mault er nur: „Ach nee, ich will lieber woandershin."

Fragt der Weihnachtsmann genervt: „Musst du jedes Mal mit einer Gegenfrage antworten?" Darauf Knecht Ruprecht: „Mache ich das wirklich?"

„Jetzt geht's rund!", sagte Knecht Ruprecht und setzte sich auf dem Weihnachtsmarkt ins Riesenrad.

Zwei Eisbärkinder sind auf dem Weg zur Schule.
Sagt das eine: „Heute haben wir fünfzehn Grad unter null."
Darauf das andere: „Super, dann bekommen wir sicher hitzefrei!"

„Na endlich!", ruft Knecht Ruprecht im Schuhgeschäft am Nordpol.
„Diese Stiefel passen perfekt!"
Darauf der Verkäufer: „Kein Wunder. Die hatten Sie ja auch schon beim Reinkommen an."

Sagt die Elfe Sophie zu einem der Rentiere: „Der Weihnachtsmann ist heute wieder total schlecht gelaunt."
„War er denn schon mal besser gelaunt?"
„Keine Ahnung. Ich arbeite erst seit vier Jahren hier."

Der Weihnachtsmann verliert sein Lieblingsbuch, während er auf der Rentierweide den Zaun repariert. Vier Wochen später kommt ein Eisbär auf ihn zu, mit dem Buch zwischen den Zähnen. Er nimmt dem Tier das Buch vorsichtig aus dem Maul und ruft: „Ein Wunder!" „Eigentlich nicht", sagt der Eisbär, „dein Name steht vorne drin."

Der kleine Eisbär fragt seine Mutter: „Mama, sind wir Eisbären eigentlich immer weiß?" Die Mutter antworwtet: „Aber natürlich, du kleines Dummerchen! Wären wir rot, würden wir doch Erdbären heißen."

Warum haben Eisbären Fell?
Weil sie in einer Winterjacke blöd aussehen würden.

Ein Rentier steht auf der Weide. Am Zaun
hängt ein Schild:
‚Bitte das Rentier nicht füttern!'
Der Weihnachtsmann.
Darunter klebt ein kleiner Zettel: ‚Bitte das
Schild nicht beachten!' Das Rentier.

Wer ist ein gemachter Mann?
Der Schneemann, natürlich.

*Ein hungriges Kaninchen trifft am Nordpol auf
einen Schneemann und ruft: „Möhre her oder
ich föhne dich!"*

„Auf wie viele Stunden Schlaf kommen Sie denn pro Tag?", will die Ärztin von Knecht Ruprecht wissen.

„Etwa drei bis vier."

Die Ärztin runzelt die Stirn: „Das ist eindeutig zu wenig."

Darauf Knecht Ruprecht: „Meinen Sie wirklich? Zusammen mit den neun Stunden, die ich nachts schlafe, komme ich aber eigentlich ganz gut aus."

Die Elfe Nora rennt aufgeregt zum Weihnachtsmann: „Eines der Rentiere hat ein Junges bekommen!"

Der Weihnachtsmann freut sich: „Wie schön. Dann wollen wir es mal großziehen."

Darauf Nora: „Ich dachte, wir lassen es von alleine wachsen."

Am Nordpol fragt ein Floh den anderen: „Und was wünscht du dir vom Weihnachtsmann?"

„Ein Rentier für mich allein!"

Kommt eine Frau in die Nordpol-Bar und sieht ein Rentier, das hinter dem Tresen Getränke ausschenkt. Da sagt das Rentier: „Hey, du, gibt's ein Problem? Hast du noch nie ein Rentier Drinks mixen sehen?"

Da sagt die Frau: „Nein, nein, das ist es nicht. Ich kann bloß nicht glauben, dass der Eisbär den Laden verkauft hat!"

Der kleine Niklas schleicht in die Küche und legt seinen Teddybären in den Kühlschrank. Die Mutter beobachtet ihn: „Niklas, warum legst du denn den armen Teddy in den Kühlschrank?"

Darauf Niklas: „Na, wenn wir im Urlaub schon nicht an den Nordpol fahren, will ich wenigstens einen Eisbären haben."

Zwei Eskimos gehen nach ihrer Weihnachtsfeier heim.

Da sagt der eine: „Dein Iglu ist weg."

Darauf der andere erschrocken: „Oh nein, ich habe schon wieder das Bügeleisen angelassen."

46 „Wer kann mir die drei Eisheiligen nennen?", fragt die Lehrerin. Meldet sich Eva: „Langnese, Mövenpick und Ben&Jerry´s."

Treffen sich zwei Skelette am Nordpol. Sagt das eine: „Ganz schön kalt, was?"
Daraufhin das andere: „Ganz deiner Meinung. Man friert bis auf die Knochen."

Ein Rentier sitzt beim Psychiater. „Herr Doktor, mein Problem ist, dass ich immer ignoriert werde."
„Ich verstehe. Der Nächste bitte!"

Knecht Ruprecht braucht eine neue Brille.
„Kurzsichtig oder weitsichtig?", fragt die
Optikerin.
„Durchsichtig natürlich!"

*Zwei Rentiere spielen Tennis. Doch dann
fängt es an zu schneien. Der
Weihnachtsmann schlägt vor, ins Haus
zu gehen und dort Tischtennis zu
spielen.
Die Rentiere schauen sich groß an und
fragen den Weihnachtsmann: „Hat
schon mal jemand ein Rentier gesehen,
das Tischtennis spielt?"*

Wie bekommt man ein Rentier in den Kühlschrank?
Ganz einfach: Tür auf, Rentier rein, Tür zu.

Wie bekommt man einen Eisbären in den Kühlschrank?
Auch ganz einfach: Tür auf, Rentier raus, Eisbär rein, Tür zu.

Eine Eisbärenmama und ihr Eisbärenbaby sitzen am Nordpol auf einer Eisscholle. Fragt das Eisbärenbaby: „Bist du eine richtige Eisbärin?"
„Ja, mein Kind."
„Und Papa, ist der auch ein richtiger Eisbär?"
„Ja, mein Kind."
„Und Oma und Opa, sind die auch richtige Eisbären?"
„Ja. Aber warum fragst du?"
„Weil mir so kalt ist!"

Ein Eisbär versucht seine Familie zu überreden:
„Kommt, lasst uns nach Kalifornien auswandern!"
„Aber was sollen wir denn da?"
„Na, in der Sonne liegen und Braunbären werden!"

Das Rentier schmeißt eine Party und alle Bewohner des Nordpols kommen, nur der Eisbär nicht. Warum nicht? Na, der ist noch im Kühlschrank!

„Toll, wie jedes Rentier sofort seinen Platz im Stall findet!", sagt die Elfe Britta.
„Kunststück", meint der Elf Jonas gelangweilt, „wo doch über jedem Platz ein Schild mit dem Namen des betreffenden Rentiers angebracht ist."

Der Weihnachtsmann und Knecht Ruprecht gehen am Nordpol Eisbaden. Meint Knecht Ruprecht: „Mensch, ist das Wasser kalt!"
Darauf der Weihnachtsmann: „Jetzt stell dich mal nicht so an. Stell dir nur mal vor, wie kalt es wäre, wenn wir keine Badehosen anhätten!"

Sagt eine Eisbärenmutter zur anderen: „Unsere Kleine hat heute ihr erstes Wort gesprochen!"
„Ach, wie niedlich! Und was hat sie gesagt? Mama oder Papa?"
„Nö. Kalt."

Ein Rentier kommt an die Kinokasse und verlangt eine Eintrittskarte für einen beliebten Weihnachtsklassiker. „Himmel, ein Rentier, das spricht!", ruft die Frau an der Kasse.
„Keine Sorge", beruhigt sie das Rentier. „Während der Vorführung bin ich ganz still."

Regel eins am Nordpol: Der Weihnachtsmann hat immer recht.
Regel zwei: Sollte der Weihnachtsmann einmal nicht recht haben, tritt automatisch Regel eins in Kraft.

Sagt der Weihnachtsmann zur Elfe Zoe:
„Nenne mir vier Tiere, die am Nordpol leben!"
Zoe: „Ein Eisbär ... und drei Rentiere!"

Erzählt Tim seinem Freund Otto am Telefon: „Ich hab in den Weihnachtsferien ganz schön Farbe bekommen."
Fragt Otto: „Hast du etwa zu lange am Strand in der Sonne gelegen?"
Antwortet Tim: „Nein, wir waren am Nordpol – und ich war vor Kälte blau gefroren."

Warum benutzt der Weihnachtsmann Rentiere, um seinen Schlitten zu ziehen?
Weil Schlittenhunde nicht fliegen können.

Ein Besucher des Nordpols fragt den Elf Niko: „Sag mal, wo kann ich den Weihnachtsmann finden?"
„Im Rentierstall. Sie erkennen ihn an der roten Mütze."

„Papi, wenn ich groß bin, werde ich Weihnachtsmann und lebe am Nordpol!"

„Prima, mein Sohn."

„Von jetzt an muss ich dafür fleißig trainieren!"

„Tu das, mein Sohn!"

„Dann gib mir schon mal zwanzig Euro. Ich muss täglich wahnsinnig viel Eis essen, um mich an die Kälte zu gewöhnen!"

Egal woher der Nordwind kommt, er ist immer saukalt.

Sagt der Weihnachtsmann zu seinem Rentier: „Ständig widersprichst du mir!"
„Stimmt nicht, ich widerspreche Ihnen nie!"

54   Warum trägt das Rentier grüne Socken?
Weil die blauen nass geworden sind.

Zwei Rentiere wandern durch die Wüste. Sagt das eine: „Hier scheint es aber glatt zu sein!" Darauf das andere: „Wie kommst du denn darauf?" „Na, siehst du nicht, wie viel Sand hier gestreut wurde?"

Warum schwimmt das Rentier mit den Füßen nach oben im Eiswasser?
Damit die grünen Socken nicht auch noch nass werden.

Im Schnee stehen die Elfe Jule und der Elf Jochen plötzlich einem Eisbären gegenüber. Da holt Jule blitzschnell ein Paar nagelneue Turnschuhe aus ihrer Umhängetasche.
Fragt der Elf Jochen: „Glaubst du wirklich, dass du schneller rennen kannst als der Eisbär?"
„Nein, aber schneller als du!"

Weißt du, was man zu einem Rentier
sagen kann, das in einem Ohr eine
Karotte und im anderen eine
Zuckerstange stecken hat?
Man kann sagen, was man will, es
hört es ja doch nicht.

„Wetten, dass ich Ihnen sagen kann, wie viele Rentiere auf Ihrer Weide stehen?", sagt ein Besucher des Nordpols zum Weihnachtsmann.

„Na, dann mal los!", meint der Weihnachtsmann und lehnt sich an seinen Schlitten.

Der Besucher schaut sich die Herde an, murmelt leise vor sich hin und sagt schließlich: „Genau 172!"

„Das stimmt!", sagt der Weihnachtsmann erstaunt. „Wie sind Sie so schnell darauf gekommen?"

„Ganz einfach", entgegnet der Besucher, „ich habe die Beine gezählt und das Ergebnis durch vier geteilt!"

**Zwei Rentiere stehen im Stall. Fragt das erste: „Wie spät ist es?"
Sagt das zweite: „Spinnst du? Wir können doch gar nicht sprechen!"**

****☆***☆***❄**☆***☆***

„Guten Tag, ich möchte meinen Namen ändern."
„Wie heißen Sie denn?"
„Knecht Ruprecht."
„Oha, so würde ich auch nicht heißen wollen. Welchen Namen hätten Sie denn gerne?"
„Knecht Gustav."

****☆***☆***❄**☆***☆***

Trifft Knecht Ruprecht einen Piraten, der sich im Eismeer des Nordpols verfahren hat.
Sagt Knecht Ruprecht genervt: „Dein Papagei hört ja gar nicht mehr auf zu quatschen. Du solltest ihn so schnell wie möglich verkaufen!"
„Geht nicht", meint der Pirat, „der weiß zu viel."

Wie kommt das Rentier auf den Baum?
Es setzt sich auf einen Schössling und wartet.

Wie kommt das Rentier wieder vom Baum runter?
Es setzt sich auf ein Blatt und wartet, bis es Herbst wird!

**Sagt Knecht Ruprecht im Schuhgeschäft: „Ich hätte gerne ein paar extra warme Krokodilstiefel."
„Aber natürlich, mein Herr. Welche Größe trägt ihr Krokodil denn?"**

❖❄❖✹❖✹❄ 🦌 ❄ ✹❖✹❖✹❖

Ein kleines Känguru sitzt auf einer Eisscholle am Nordpol. Es zittert am ganzen Leib und friert sich die Ohren ab. Zur selben Zeit in Australien: Ein kleiner Eisbär schaut genervt aus dem Beutel eines Kängurus. Ihm ist vom Hüpfen schon ganz schlecht und er schimpft: „Blöder Schüleraustausch!"

❖❄❖✹❖✹❄ 🦌 ❄ ✹❖✹❖✹❖

In der Werkstatt des Weihnachtsmanns

Der Weihnachtsmann zur Elfe Angelina:
„Angelina, wenn ich dir sieben Lebkuchen
schenke und dir sage, du sollst sie mit der
Elfe Emelie teilen, wie viele Lebkuchen
bleiben dir dann?"
Darauf Angelina: „Vier."
„Angelina, du kannst wohl nicht rechnen?",
tadelt der Weihnachtsmann.
„Ich schon", erwidert Angelina, „aber Emelie
nicht!"

Der Weihnachtsmann gibt für die Besucher des Nordpols eine Führung durch seine Werkstatt. Da fragt ein junger Mann: „Wie viele Elfen arbeiten denn hier?"
Darauf der Weihnachtsmann: „Etwa die Hälfte."

※ ※ ※ ☆ ※ ※ ☆ ※ 🎁 ※ ※ ☆ ※ ※ ☆ ※ ※

Am Eingang der Weihnachtswerkstatt steht ein Garderobenständer, an dem ein Schild mit der Aufschrift ‚Nur für den Weihnachtsmann' angebracht ist. Die Elfe Mindy ist besonders schlau und klebt einen kleinen Zettel an das Schild: ‚Aber man kann auch Jacken daran aufhängen!'

※ ※ ※ ☆ ※ ※ ☆ ※ 🎁 ※ ※ ☆ ※ ※ ☆ ※ ※

„Merkt euch", sagt der Weihnachtsmann zu den tüchtigen Elfen, „Eigenlob stinkt."
Nach einer Weile meldet sich die Elfe Annabell mit zugehaltener Nase: „Herr Weihnachtsmann, ich glaube, Kevin hat sich gerade gelobt."

Sagt die Elfe Maja zum Weihnachtsmann:
„Ich glaube, ich habe mich erkältet."
Darauf der Weihnachtsmann: „So ein Mist. Warst
du beim Arzt?"
„Nein, beim Schlittschuhlaufen."

Die Elfen sitzen an der Werkbank und
schnitzen Spielzeuge. Da schiebt die Elfe
Klara dem Elf Rafael einen Zettel zu:
„Rafael, ich liebe dich. Solltest du meine
Liebe nicht erwidern, gib den Brief an
Anton weiter."

Ein Besucher kommt zur Besichtigung in
die Werkstatt des Weihnachtsmanns.
Mit Befremden sieht er eine nicht gerade
saubere Elfe.
Irritiert fragt er: „Wäscht man sich bei euch
am Nordpol denn nicht?"
Sagt die Elfe: „Nee, wozu? Wir erkennen uns
ja an der Stimme."

Jule, weißt du eigentlich,
dass du einen roten und einen
gelben Handschuh anhast?",
fragt die Elfe Anna ihre
Freundin Jule.
„Ja sicher", antwortet Jule,
„und weißt du was?
Zu Hause habe ich noch so ein
merkwürdiges Paar Handschuhe
im Schrank!"

Die Elfen sitzen an ihren Schreibtischen und schreiben fleißig Weihnachtskarten. Da wirft der Weihnachtsmann einen Blick auf die Karten des Elfen Christopher: „Deine Schrift ist ja total unleserlich. Ich verlange, dass du deutlicher schreibst."

„Lieber nicht", meint Christopher vorsichtig, „dann können Sie ja alle meine Rechtschreibfehler erkennen!"

Bei der Reparatur des Rentierschlittens ruft die Elfe Maren plötzlich: „Aua! Ich habe einen Holzsplitter im Daumen!"
Darauf der Elf Torben: „Wohl am Kopf gekratzt, was?"

**Beschwert sich der Elf Sören: „Du hältst mich wohl für total bescheuert?"
Darauf die Elfe Xenia: „Keine Angst! Ich beurteile niemanden nach seinem Aussehen!"**

Der Weihnachtsmann möchte die Arbeitsabläufe in seiner Werkstatt verbessern. Also fragt er seine Elfen: „Kann mir jemand ein Beispiel für Energieverschwendung nennen?"
Die Elfe Trixi meldet sich: „Energieverschwendung ist, wenn man einem glatzköpfigen Elfen eine haarsträubende Geschichte erzählt."

67

„Bei den vielen Zwischenrufen kann ich ja mein eigenes Wort nicht mehr verstehen!", ruft der Weihnachtsmann genervt.

Darauf die Elfe Lea-Marie: „Keine Bange, Sie versäumen nichts."

Die Elfe Saskia kommt schon wieder zu spät zur Arbeit.

„Welche Ausrede hast du heute?", fragt der Weihnachtsmann genervt.

Darauf Saskia: „Keine."

Der Weihnachtsmann: „Und das soll ich dir glauben?"

Der Weihnachtsmann hält ein Bild von einem Rentier und einem Hirsch in die Höhe und fragt seine Elfen: „Wer kann mir sagen, welches Tier das Rentier ist?"

Darauf die Elfe Jenny: „Das Rentier ist das Tier neben dem Hirsch."

„Udo, warum kaust du auf deinen Fingernägeln herum?"

„Weil ich ein Problem habe, Herr Weihnachtsmann", antwortet der Elf Udo.

„Aha, und was für ein Problem ist das?"

„Zu lange Fingernägel, Herr Weihnachtsmann."

Die Elfe Fiona malt ein Rentier auf eine Weihnachtskarte und zeigt sie stolz dem Weihnachtsmann. „Warum hat das Rentier denn fünf Beine?", will der wissen.

„Das wissen Sie nicht, Herr Weihnachtsmann? Schließlich hat doch auch jedes Auto ein Reserverad."

In der Werkstatt des Weihnachtsmanns lebt ein getigerter Kater. Die Elfe Diana macht gerade Pause und setzt sich in einen gemütlichen Sessel. Sofort kuschelt sich der Kater in ihren Schoß. Diana streichelt ihn und das Tier beginnt zu schnurren. Erschrocken ruft Diana: „Herr Weihnachtsmann, wo stellt man den Motor ab?"

Sagt die Elfe Romy ganz schüchtern zum Weihnachtsmann: „Aber ich habe noch nie auf einem Rentier gesessen."
„Keine Angst. Dann gebe ich dir eins, das noch nie geritten wurde!"

Die Elfe Klara bewirbt sich in der Werkstatt des Weihnachtsmanns um einen sehr wichtigen Posten.
„Aber wir brauchen eine Elfe, die sofort und präzise folgenschwere Entscheidungen fällen kann. Sind Sie so eine?", fragt der Weihnachtsmann.
„Na ja", meint die Elfe Klara, „sagen wir mal, wenn es so weit wäre, dann könnte ich unter Umständen durchaus zu solchen Entscheidungen fähig sein."

Am Nordpol sagt eine Elfe zur anderen: „Es ist so kalt draußen. Mach doch mal das Fenster zu."
Wundert die sich: „Und davon soll es draußen wärmer werden?"

Die Elfe Pauline bewirbt sich in der Werkstatt des Weihnachtsmanns auf eine Stelle.

„Guten Tag", begrüßt sie den Weihnachtsmann.

„Ich komme auf Empfehlung meines bisherigen Arbeitgebers."

„Sehr schön. Was sagt er denn?"

„Dass ich mir lieber einen neuen Job suchen soll."

✶✶✶☆✶✶✶✶☆✶✶✶✶☆✶✶✶

Der Psychologe zur Elfe Hannah: „Und warum glaubst du, wollen die anderen Elfen nichts mit dir zu tun haben?"

„Woher soll ich das wissen? Das sollst du doch rausfinden, du Blödmann!"

✶✶✶☆✶✶✶☆✶✶✶✶☆✶✶✶✶☆✶✶✶

In der Werkstatt des Weihnachtsmanns. Der Elf Sebastian räuspert sich: „Herr Weihnachtsmann, Marie ist krank und kann heute leider nicht zur Arbeit kommen."

Darauf der Weihnachtsmann: „Ruhe! Marie soll mir das gefälligst selbst sagen!"

„Wie geht es deinem kranken Goldfisch?",
möchte die Elfe Tanja von der Elfe Astrid
wissen.
„Danke der Nachfrage", sagt Astrid. „Er ist
schon wieder auf den Beinen."

Die Elfe Rahel nimmt bei einem
Lebkuchen-Wettessen teil, belegt
aber den letzten Platz.
„Das verstehe ich wirklich nicht",
grübelt sie. „Ich habe doch den
ganzen Vormittag geübt."

Die Elfe Celine bietet dem Weihnachtsmann in ihrer Pause ein paar Nüsse an. Dieser greift gerne zu, wundert sich aber: „Sag mal, wo hast du denn die ganzen Nüsse her?" Celine grinst und antwortet: „Ach, wissen Sie, ich esse so gerne Nussschokolade, aber mag die Nüsse nicht."

„Du kaust ja schon wieder Kaugummi, Lorena! Ab in den Papierkorb!", schimpft der Weihnachtsmann. Die Elfe Lorena tut wie geheißen.
Mit beiden Beinen im Papierkorb fragt sie: „Der Kaugummi auch?"

Fragt ein kleines Mädchen den Weihnachtsmann: „Sag mal, sind deine Elfen immer so still?"
„Nein, du solltest sie mal beim Essen hören!"

Die Elfe Gina klagt über starke Kopfschmerzen.
„Das ist kein Wunder", meint der Elf Nils.
„Wieso denn?", fragt Gina.
„Krankheiten greifen immer zuerst den schwächsten Teil des Körpers an."

75

**Kennst du den Witz von der Elfe im Aufzug? Nein?
Ich auch nicht. Ich bin die Treppe gegangen.**

Die Elfe Vivien fragt den Elf David: „Wusstest du, dass Mädchen viel schlauer sind als Jungen?"

„Nein", sagt David.

Vivien grinst. „Siehst du!"

Nach der Arbeit stöhnt die Elfe Nicole: „So ein Mist. Mir ist heute überhaupt nichts eingefallen. Da habe ich einfach eine leere Weihnachtskarte in den Umschlag gesteckt."

76

Darauf ihre Freundin Miriam: „Ich auch. Hoffentlich denken die Kinder nicht, ich hätte von dir abgeschrieben!"

Sagt die Elfe Olivia zu ihrer Freundin Ella:
„Wusstest du, dass Elfen nur ein Drittel
ihres Gehirns benutzen?"
„Echt? Und was ist mit dem anderen
Drittel?"

*Warum bohren die Elfen in der
Vorweihnachtszeit besonders häufig
in der Nase?*
*Sie versuchen das Beste aus sich
herausholen.*

Sagt die Elfe Mareike zu ihrer Freundin: „Stell dir vor, der Weihnachtsmann hat noch nie eine Kuh gesehen!"

„Das glaube ich nicht."

„Doch. Ich habe heute eine Kuh auf eine Weihnachtskarte gemalt und er hat gefragt, was das denn sein soll!"

Sagt der Weihnachtsmann zu Knecht Ruprecht: „Unsere Elfe Stephanie ist ein echtes Wunderkind. Die konnte schon mit vier Jahren alles, was sie jetzt kann."

Katharina, die neue Elfe, ist beim Schnitzen eines Holzspielzeugs eingeschlafen. Der Weihnachtsmann staunt: „Donnerwetter! Du hast dich aber schnell eingearbeitet!"

Treffen sich zwei Holzwürmer in der Schreinerei des Weihnachtsmanns. Sagt der eine ganz stolz: „Mein Sohn arbeitet jetzt in einer Bank!"

Der Weihnachtsmann zum Elf Felix: „Die Werkstattleitung hat sich heute schon wieder über dich beschwert." „Das kann gar nicht sein. Ich war heute doch gar nicht bei der Arbeit!"

Die Elfe Henriette hat ihren ersten Arbeitstag
in der Werkstatt des Weihnachtsmanns.
Pflichtbewusst fragt sie ihren Kollegen:
„Wann macht ihr eigentlich Pause?"
Darauf dieser: „Nie, wir schlafen durch."

Während der Arbeit in der Werkstatt des
Weihnachtsmanns fällt der Elfe Polly ein
Nagel unter den Tisch. Sie bückt sich, um
ihn zu suchen. Währenddessen fragt der
Weihnachtsmann in die Runde: „Was
würdet ihr auf meinen Grabstein schreiben,
wenn ich sterben würde?"
Genau in diesem Moment findet Polly den
Nagel und ruft erleichtert: „Da liegt er ja,
der Mistkerl!"

In der Pause sagt die Elfe Mia zum Elf
Thorsten: „Der Kaffee schmeckt heute
wie Abwasser."
Antwortet Thorsten irritiert: „Das ist
doch Tee."
Da ruft Frau Weihnachtsmann aus der
Küche: „Reicht der Kakao?"

Sagt die Elfe Nadine zum Weihnachtsmann: „Herr Weihnachtsmann, in der Elfenschule lernen wir jetzt auch Algebra."
Sagt der Weihnachtsmann: „Wie schön, Nadine. Kannst du denn auch ‚Frohe Weihnachten' auf Algebra sagen?"

Die Elfe Trixi kommt zu spät.
„Entschuldigung, Herr Weihnachtsmann. Ich habe verschlafen."
„Was? Zu Hause schläfst du auch noch?"

„Du kommst schon wieder zu spät!",
schimpft der Weihnachtsmann mit der Elfe
Mathilda.
„Hast du denn keinen Wecker?"
„Doch, aber wenn der klingelt, schlafe ich
noch."

„Warum schreibst du denn so schnell,
Sophia?", fragt der Weihnachtsmann
die Elfe Sophia.

Sophia schaut hektisch von der Weihnachtskarte auf: „Ich muss mich beeilen,
meine Tintenpatrone ist gleich leer!"

In der Gärtnerei des Weihnachtsmanns teilen sich zwei Elfen die Arbeit. Die eine gräbt ein Loch, die andere schüttet es mit Erde wieder zu. Das geht ein paar Stunden so, bis der Weihnachtsmann vorbeikommt und sich beschwert: „Was macht ihr denn da für einen Blödsinn?!"

„Wir sollten eigentlich zu dritt sein. Aber die Elfe, die die Weihnachtstannen in die Erde steckt, ist heute nicht da."

Fragt der Weihnachtsmann die Elfe Emilia:
„Was ist lila, hat giftgrüne Punkte und große Fangzähne?"
„Keine Ahnung."
„Ich auch nicht, aber es läuft gerade über deine Zipfelmütze."

Sagt der Elf Björn zum Weihnachtsmann:
„Meine Füße sind eingeschlafen."
„Wirklich? So wie die riechen, hätte ich
gedacht, sie wären schon seit einem Monat
tot!"

„Wer hat mit dem Streit angefangen?",
fragt der Weihnachtsmann die Elfen
mit strengem Blick.

„Magnus", antwortet der Elf Leon. „Er
hat als Erster zurückgeschlagen."

Der Weihnachtsmann fragt den neuen Elf Max: „Sag mal, bist du eigentlich immer so langsam? Du schnitzt die Holzfiguren langsam, du verpackst die Geschenke langsam, du schreibst die Weihnachtskarten langsam. Gibt es denn nichts, was bei dir schnell geht?"

„Doch, ich werde schnell müde!"

Nachdem die Elfen schon wieder die gesamte Weihnachtspost durcheinandergebracht haben, sagt der Weihnachtsmann völlig verzweifelt: „Seht euch dieses Chaos an! Ihr seid so blöd! Mindestens 70 Prozent von euch haben rein gar nichts verstanden!"

Da meldet sich der Elf Peter ganz überzeugt: „Aber Herr Weihnachtsmann, so viele sind wir doch gar nicht!"

Fragt der Weihnachtsmann den Elf Sascha: „Wenn ich in der einen Hand vier Lebkuchen habe und in der anderen sechs, was habe ich dann?"
„Große Hände."

„Wie viele Gebote gibt es?", fragt der
Weihnachtsmann die Elfenkinder.
„Zehn, Herr Weihnachtsmann", antwortet
der Elf Hannes blitzschnell.
„Richtig. Und wenn du eins davon
brichst?"
„Dann gibt es nur noch neun."

**Beim Schreiben der Weihnachtskarten
bittet der Elf Thomas seine Freundin: „Kann
ich mal deinen Kugelschreiber haben?"**
„Warum? Du hast doch selbst einen?"
**„Ja, schon ... Aber meiner macht so viele
Rechtschreibfehler."**

86

"Sag mal, Rebecca, was soll das denn unter deiner Weihnachtskarte bedeuten: ,Alle Rechte vorbehalten, einschließlich der Verfilmung und Übersetzung'?", fragt der Weihnachtsmann die Elfe Rebecca.

Der Weihnachtsmann stellt dem Elf Nils eine Rechenaufgabe: „Nils, du hast fünf Zuckerstangen, und ich bitte dich, mir zwei zu geben, wie viele Zuckerstangen bleiben dir dann?"
Darauf Nils: „Fünf."

Mit rotem Mantel, Jutesack und Schlitten um die Welt

Ein Reporter ist zu Gast am Nordpol und fragt den Weihnachtsmann: „Worauf führen Sie Ihr langes Leben zurück?"
„Das kann ich noch nicht sagen", erwidert der Weihnachtmann, „ich verhandle noch mit zwei Müslifirmen und einem Smoothiefabrikanten."

Die Elfe Natascha erzählt dem Elfen Julian ganz aufgeregt: „Stell dir vor, heute waren wir mit dem Rentierschlitten auf Island, um Geschenke zu verteilen."
„Und habt ihr da auch Geysire gesehen?"
„Na klar, die Tiere waren ganz zahm."

Die kleinen Osterhasen unterhalten sich: „Sag mal, glaubst du eigentlich noch an den Weihnachtsmann?"

Der Weihnachtsmann erzählt dem Kellner im Restaurant schwärmend: „Schon als Kind gab es für mich nichts Faszinierenderes als Fliegen."
„Was Sie nicht sagen, ich hätte gewettet, dass Rentiere Ihre Lieblingstiere sind!"

Herr und Frau Weihnachtsmann tanzen gemeinsam auf dem alljährlichen Weihnachtsball am Nordpol. Fragt Frau Weihnachtsmann ihren Mann: „Tanzt du eigentlich gerne?"
„Leidenschaftlich!", strahlt der.
„Und warum lernst du es dann nicht endlich?"

Der Weihnachtsmann isst in einem vornehmen Restaurant zu Abend. Plötzlich bemerkt er etwas und ruft empört den Ober: „Herr Ober, in meinem Salat ringelt sich ein Wurm und grinst mich rotzfrech an!"

„Das tut mir wirklich leid, Herr Weihnachtsmann", entgegnet der Ober, „aber zu seiner Verteidigung – es ist wirklich schwer, ernst zu bleiben, wenn man Sie essen sieht!"

Die Rentiere werden auf ihren nächsten Einsatz vorbereitet.

„Was tut ihr, wenn es blitzt?", fragt der Weihnachtsmann.

„Dann legen wir uns auf den Boden", sagt eines der Rentiere.

„Und warum?"

„Damit der Blitz denkt, wir seien schon tot."

Der Weihnachtsmann ist auf dem Sofa eingeschlafen und schnarcht so laut wie ein Bär. Als die Elfe Lotta an den Knöpfen seines roten Samtmantels herumdreht, ermahnt sie Frau Weihnachtsmann: „Lotta, nun lass doch den Weihnachtsmann in Ruhe schlafen!"

Darauf Lotta: „Schon gut, schon gut, ich wollte ja nur mal sehen, ob man ihn vielleicht irgendwie leiser stellen kann."

93

„Über Weihnachtsbäume weiß ich
Bescheid, du kannst mich alles
fragen", behauptet der Nikolaus.
Darauf Knecht Ruprecht: „Dann sagen
Sie mir doch mal, wie viele Nadeln Ihr
Weihnachtsbaum hat."

Als der Weihnachtsmann nach Hause kommt,
sagt seine Frau zu ihm: „Jemand vom Fundbüro
hat angerufen. Du kannst deinen Sack mit den
Geschenken abholen."
Der Weihnachtsmann wundert sich: „Das kann
nicht mein Sack sein."
„Wieso nicht?"
„Im Fundbüro bin ich noch nie gewesen, da kann
ich ihn also nicht liegen gelassen haben."

Der Weihnachtsmann berechnet eine neue
Flugroute für Heiligabend und fragt die
Elfe Christine: „Was ist weiter von uns
entfernt, Asien oder der Mond?"
Darauf Christine: „Asien natürlich. Den
Mond kann man schließlich von uns aus
sehen, Asien nicht!"

Fragt Frau Weihnachtsmann ihren
Gatten: „Wie findest du meinen
neuen Strohhut?"
„Super, wie aus dem Kopf
gewachsen!"

**Sagt der Mechaniker bei der jährlichen
Inspektion des Schlittens zum
Weihnachtsmann:
„Ihre Kufen sind abgefahren."
„Dann nichts wie hinterher!"**

Der Weihnachtsmann fliegt mit seinem
Schlitten über Finnland.
Fragt er die Elfe Elke: „Was heißt
Sonnenuntergang auf Finnisch?"
„Ist doch klar, Hell sinki!"

Fragt die Polizistin den
Weihnachtsmann bei einer
Verkehrskontrolle: „Wie ist Ihr Name?"
„Santa Claus."
„Machen Sie keine Witze. Nennen Sie
mir Ihren richtigen Namen!"
„Albert Einstein."
„Na also, geht doch."

Die Praktikantin im Friseurladen darf zum ersten Mal den Bart eines Kunden stutzen. Ihr Kunde ist der Weihnachtsmann.

Sie zögert einen Moment bei der Arbeit. „Möchten Sie Ihren langen Rauschebart eigentlich behalten?"

„Auf jeden Fall!"

„Gut, dann packe ich ihn für Sie ein."

Beschwert sich der Weihnachtsmann im Café: „Herr Ober, mein Kaffee ist ja eiskalt!"

„Gut, dass Sie mir das sagen. Eiskaffee kostet nämlich fünfzig Cent mehr."

Der Weihnachtsmann rast in der Weihnachtsnacht mit seinem Schlitten durch die Stadt. Hält ihn die Polizei an und die Wachmeisterin fragt: „Haben Sie denn das Schild mit der Geschwindigkeitsbegrenzung nicht gelesen?"
Darauf der Weihnachtsmann: „Lesen? Bei dem Tempo?"

„Mein Mann ist ein Zwilling", erzählt Frau Weihnachtsmann Knecht Ruprecht. Der fragt interessiert: „Irre. Wie können Sie die Zwillinge denn unterscheiden?"
„Ganz einfach. Die Schwester meines Mannes hat keinen weißen Rauschebart."

Knecht Ruprecht sitzt im Schlitten des Weihnachtsmanns und hält sich ein Ohr zu.

„Hast du Ohrenschmerzen?", erkundigt sich der Weihnachtsmann besorgt.

„Nein", antwortet Knecht Ruprecht, „aber Sie sagen doch immer, was bei mir zum einen Ohr reingeht, kommt zum anderen wieder raus!"

Als der Weihnachtsmann mit seinem Rentierschlitten über den Atlantik fliegt, geht gerade die Sonne auf.

„Die Sonne ist ungefähr 150 Millionen Kilometer von der Erde entfernt", klärt er den Elf Bastian auf.

Bastian staunt. „Dann ist es aber klasse, dass sie jeden Morgen schon so früh hier ist."

Geht der Weihnachtsmann um die Ecke.
Was fehlt?
Richtig. Der Witz.

99

Die Elfe Toni darf zum ersten Mal in ihrem Leben im Schlitten des Weihnachtsmanns mitfliegen. Kurz vor dem Start verteilt der Weihnachtsmann Kaugummis und erläutert: „Das ist gut für empfindliche Ohren." Toni nimmt zwei Kaugummis und bedankt sich. Nach einer Stunde wendet sie sich an den Weihnachtsmann: „Können Sie mir mal sagen, wie ich das Zeug wieder aus den Ohren rauskriege?"

Am Weihnachtsmorgen fliegt der Weihnachtsmann gerade in seinem Schlitten über Neuseeland. Fragt er die Elfe Sabine: „Wie entsteht eigentlich Tau?"
„Ganz einfach, Herr Weihnachtsmann: Die Erde dreht sich so schnell, dass sie dabei ins Schwitzen kommt."

Der Weihnachtsmann wird in seinem Schlitten angehalten: „Sie sind zu schnell gefahren, mindestens 90 Kilometer die Stunde!"

„Das kann gar nicht sein. Ich bin doch erst seit fünfzehn Minuten unterwegs!"

Der Weihnachtsmann steigt von der Waage.

„Na?", fragt Knecht Ruprecht. „Wieder ein paar Pfündchen zu viel?"

„Nein, wo denkst du hin", sagt der Weihnachtsmann spitz, „ich sollte nur zehn Zentimeter größer sein, nach der Tabelle."

101

Der Weihnachtsmann geht in die Buchhandlung: „Guten Tag, ich suche einen superspannenden Krimi für meinen Urlaub."
„Da empfehle ich Ihnen diesen hier. Erst auf der letzten Seite erfährt man, dass die Schwiegermutter die Mörderin ist."

Knecht Ruprecht hat die neue Route für den Weihnachtsschlitten festgelegt. Er erklärt und erklärt und erklärt.
Da ruft eines der Rentier: „Bitte lauter!"
Darauf Knecht Ruprecht: „Oh, Entschuldigung! Ich wusste nicht, dass jemand zuhört!"

Frau Weihnachtsmann steht im Schwimmbad am Beckenrand und ruft: „Das gibt es doch gar nicht!"
Einige Minuten später wieder: „Das gibt es doch gar nicht!"
Nach dem dritten Mal kommt der Bademeister und fragt, was los ist.
„Herr Bademeister, Sie werden es nicht glauben. Erst gestern hat mein Mann schwimmen gelernt und heute taucht er schon über zwanzig Minuten!"

Endlich hat der Weihnachtsmann einmal Urlaub und ist auf großer Kreuzfahrt. Leider liegt er schwer seekrank im Bett.

Klopft der Steward an die Kabinentür und fragt: „Soll ich Ihnen das Essen bringen?"

Der Weihnachtsmann stöhnt und sagt: „Werfen Sie es lieber gleich über die Reling. Das ist einfacher."

Der Weihnachtsmann fragt seine Frau ganz empört: „Wie kommst du darauf, dass ich gestern Abend zu viel Glühwein getrunken hätte?"

„Ganz einfach: Du kamst nach Hause und wolltest der Kuckucksuhr und dem Kanarienvogel ‚Stille Nacht, Heilige Nacht' im Duett beibringen."

Der Weihnachtsmann sitzt beim Frühstück
und liest den Anzeigenteil in der
Tageszeitung.
Sagt er zu Frau Weihnachtsmann: „Guck mal,
hier steht: Suche ältere Dame zum Kochen."
Darauf Frau Weihnachtsmann: „Unglaublich,
was die Leute alles essen!"

Der Weihnachtsmann zur Friseurin:
„Ihr Hund scheint ja Spaß daran zu
haben, Ihnen beim Haareschneiden
zuzuschauen."
„Natürlich. Manchmal fällt ein Ohr für
ihn ab!"

105

Der Weihnachtsmann wundert sich:
„Liebling, warum legst du dir dauernd
Gurkenscheiben aufs Gesicht?"
„Um gut auszusehen."
„Also ehrlich gesagt, finde ich, du siehst
ohne Gurkenscheiben besser aus."

Geht der Weihnachtsmann in ein Geschäft
und fragt: „Dürfte ich den roten Mantel im
Schaufenster anprobieren?"
Sagt die Verkäuferin freundlich: „Wie Sie
wollen, aber wir haben auch Umkleidekabinen."

Alle Geschenke sind verteilt und in der Werkstatt des Weihnachtsmanns versammelt man sich zum großen Festtagsessen.

„Äh, Weihnachtsmann ...", meldet sich da die Elfe Laura zu Wort.

„Beim Essen spricht man nicht", meint darauf der Weihnachtsmann.

Nach dem Essen wendet er sich Laura wieder zu: „So, was wolltest du vorhin von mir?"

„Jetzt ist es leider zu spät Weihnachtsmann, du hast die Fliege schon mitgegessen."

✧⋆✩⋆✩⋆☆⋆✩⋆🎁⋆✩⋆☆⋆✩⋆✩⋆☆⋆✩⋆✩

Der Weihnachtsmann und Knecht Ruprecht machen im Urlaub eine Radtour mit dem Tandem. Knecht Ruprecht sitzt hinten. Auf einem Hügel machen sie eine Pause.

„Diese Steigung", seufzt der Weihnachtsmann, „hat mich richtig geschafft."

Darauf Knecht Ruprecht: „Ja, und wenn ich nicht dauernd gebremst hätte, wären wir bestimmt immer zurückgerollt!"

✧⋆✩⋆✩⋆☆⋆✩⋆🎁⋆✩⋆☆⋆✩⋆✩⋆☆⋆✩⋆✩

Voller Erstaunen sieht ein Polizist auf Streife dem Schlitten des Weihnachtsmanns nach. Alle paar Meter springt der Schlitten in die Höhe. Der Polizist jagt ihm nach. „He, Herr Weihnachtsmann! Was ist denn mit Ihrem Schlitten los?", ruft er dem Weihnachtsmann zu.

„Nichts! Aber mit den Rentieren – die haben Schluckauf!"

❋✫⋆☆✫⋆☆✫❋✫☆✫⋆☆✫❋

Sagt der Weihnachtsmann zu seiner Frau:
„Mein neues Hörgerät ist so klein, dass man es kaum sieht."

„Das ist ja toll. Und wie viel hat es gekostet?"

„Halb sechs."

❋✫⋆☆✫⋆☆✫❋✫☆✫⋆☆✫❋

Der Weihnachtsmann liest sein Horoskop in der Zeitung. Fragt ihn seine Frau: „Sag mal, glaubst du wirklich an Horoskope?"

„Quatsch! Wir Krebse sind von Natur aus misstrauisch."

Der Weihnachtsmann fliegt mit seinem
Schlitten an einer einsamen Insel vorbei.
Sagt das eine Rentier zum anderen:
„Guck mal, da auf der Insel ist wieder
die Frau, die immer wie wild auf und ab
hüpft und winkt, wenn wir vorbeifliegen!"
„Ich weiß, ist es nicht schön,
wie sehr sie sich freut?"

Die Weihnachtsinseln

Der Weihnachtsmann möchte zum Zirkus gehen:
„Ich kann einen Vogel nachahmen. Engagieren sie
mich?", fragt er einen Zirkusdirektor, der am
Nordpol gastiert.
„Das ist doch nichts Besonderes, die Nummer ist
uralt!"

109

„Wie Sie meinen", sagt der Weihnachtsmann
betrübt und fliegt davon.

Der Weihnachtsmann zeigt seine
Ferienfotos. Die Elfe Nathalie
betrachtet sie interessiert.
Dann kommt ein Bild, das den
Weihnachtsmann mit seinem
Schlitten vor einer umgestürzten
Säule eines alten griechischen
Tempels zeigt. Ganz bestürzt fragt
Nathalie:
„Herr Weihnachtsmann, haben Sie
die Säule etwa umgefahren?"

Der Weihnachtsmann überlegt, wann er in welchem Land sein muss, damit alle Kinder rechtzeitig am Weihnachtsmorgen ihre Geschenke bekommen. „Wenn die Kinder in Deutschland ins Bett gehen, stehen die in Amerika erst auf", grübelt er laut.
Da entrüstet sich die Elfe Felicitas: „Das müssen ja ziemlich faule Kinder sein!"

Der Weihnachtsmann erholt sich nach den Feiertagen in einer Frühstückspension.
Der Pensionswirt stellt das Frühstückstablett auf den Tisch. Da weist ihn der Weihnachtsmann auf den Sprung in der Tasse hin. Der Wirt erklärt mit Stolz: „Daran können Sie mal sehen, wie stark unser Kaffee ist."

Was sagt der Lebkuchen zum Weihnachtsmann?
Nichts, denn Lebkuchen können nicht reden.

Die Elfe Melanie ist so müde, dass sie noch vorm Abflug im Schlitten des Weihnachtsmanns einschläft. Als sie aufwacht, fragt sie erstaunt: „Fliegen wir schon?"

Antwortet der Elf Noah giftig: „Denkst du, deinetwegen ziehen sie unter uns die Landschaft vorbei?"

Der Weihnachtsmann macht seine erste
Seereise. Der Steward erkundigt sich, ob er
zufrieden sei.
„Vielen Dank! Es ist alles wunderbar!", erklärt
er begeistert und zeigt auf das Bullauge.
„Der Wandschrank ist einfach fabelhaft. Was
da alles reingeht!"

Der Weihnachtsmann und seine
Frau wollen sich nach den
Feiertagen auf Bali erholen.
Fragt der Berater im Reisebüro:
„Möchten Sie über Zürich oder
London fliegen?"
„Nur über Silvester."

Auf seiner Reise um die Welt macht der
Weihnachtsmann halt in einem amerikanischen
Fast-Food-Restaurant. Er zeigt auf ein Gericht
auf der Karte und sagt „Einmal Hühnchen bitte."
Fragt die Bedienung: „Chicken?"
„Nein, zum Hieressen!"

113

Der Weihnachtsmann zum Verkäufer in
der Wäscheabteilung des Kaufhauses:
„Ich möchte bitte zwei Paar Unterhosen."
„Lange?", fragt der Verkäufer nach.
Darauf der Weihnachtsmann: „Das geht
Sie überhaupt nichts an. Ich will sie
schließlich kaufen und nicht mieten."

Endlich
Weihnachtsferien!

Fragt Frau Reinhold ihre Nachbarin: „Wie war denn euer Weihnachtsurlaub im Süden? Hat es oft geregnet?"
„Nein eigentlich nur zweimal – einmal fünf und einmal acht Tage."

Drei Schwaben stürzen im Skiurlaub in eine Gletscherspalte.
Nach einer Weile hören sie eine Stimme:
„Hier ist das Rote Kreuz. Ist da jemand?"
„Ja, aber wir geben nichts!"

„Ich habe gehört, ihr fliegt dieses Jahr
über die Weihnachtsfeiertage nicht nach
Ibiza?"
„Nein. Nach Ibiza sind wir im letzten Jahr
nicht geflogen. Dieses Jahr fliegen wir
nicht in die Karibik!"

**Frau Gruber beklagt sich bei ihrer Nachbarin
über den verregneten Weihnachtsurlaub.
„Es hat die ganze Zeit wie aus Eimern
geschüttet. Einfach schrecklich!"
„Und woher sind Sie dann so braun
geworden?"
„Das ist alles Rost."**

Die Mutter murmelt beim Packen des
Koffers für den Weihnachtsurlaub:
„Wir dürfen deine Zahnbürste und
die Zahnpasta nicht vergessen."
„Wieso Zahnbürste?", protestiert
Wiebke empört, „ich dachte, ich habe
Ferien!"

Ein alter Mann fährt über die Weihnachtsfeiertage zu seiner Familie. Im Zug zeigt er dem Kontrolleur seine Fahrkarte.

„Aber, mein Herr, das ist ja eine Kinderfahrkarte."

„Da sehen Sie mal, wie lange ich auf den Zug warten musste!"

„Ich würde so gerne über Weihnachten Ski fahren gehen", sagt der Tausendfüßler betrübt, „aber immer, wenn ich die Skier angeschnallt habe, sind die Feiertage vorbei."

❄✦✧⭐❄✧⭐✦🎁✦⭐✧❄⭐✧✦❄✦

Zwei Männer unterhalten sich im Flugzeug. „Machen Sie auch Weihnachtsurlaub?"

„Nein, ich bin auf Hochzeitsreise."

„Wie schön. Und wo ist Ihre Frau?"

„Oh, die ist zu Hause. Die kennt Paris schon."

❄✦✧⭐❄✧⭐✦🎁✦⭐✧❄⭐✧✦❄✦

Herr und Frau Schulze machen im Weihnachtsurlaub einen Spaziergang am Strand.
Sagt Frau Schulze: „Hör mal Schatz, die Grillen."
Darauf Herr Schulze: „Also ich rieche nichts."

Finn ist dieses Jahr über Weihnachten angeln und sitzt an einem besonders kalten Wintertag mit dicken Backen am See. Ein Spaziergänger kommt vorbei und fragt besorgt: „Ohje, hast du Zahnschmerzen?"

119

„Nein, aber irgendwie muss ich die Würmer ja auftauen kriegen."

Herr Hermanns erzählt seinem Nachbarn:
„Wir fliegen über Weihnachten nach Mallorca.
Unseren Fernseher nehmen wir aber mit. Wir
verstehen ja kein Spanisch."

Treffen sich zwei Fische im
Weihnachtsurlaub.
Fragt der eine: „Und was hast du
heute noch so vor?"
Sagt der andere: „Ich glaub, ich
geh schwimmen."

Ein Feriengast isst zum ersten Mal im Hotel, in dem er die Weihnachtsferien verbringen möchte.
Er fragt seine Tischnachbarin: „Ist das Essen denn hier auch abwechslungsreich?"
„Oh ja, für jedes Gericht haben sie mindestens zehn verschiedene Namen!"

⁂✻☆✻✻☆✻🎁✻☆✻✻☆✻✻

Im Erdkundeunterricht spricht die Klasse über den Süden Italiens.
„Wer kann mir sagen, welche Weinsorte am Fuße des Vulkans Vesuv wächst?"
Robin ist sich sicher: „Der Glühwein, Frau Lehrerin!"

⁂✻☆✻✻☆✻🎁✻☆✻✻☆✻✻

Fragt Frau Löwenstein im Weihnachtsurlaub den Bademeister: „Gibt es hier Krebse, Seeigel oder Quallen?"

„Nein, Sie können ganz beruhigt sein, die Haie fressen alles weg."

Warum dauern die Ferien im Sommer sechs Wochen, zu Weihnachten aber nur zwei? Ist doch klar! Bei Hitze dehnt sich alles aus und bei Kälte zieht sich alles zusammen.

＊∘＊∗＊❋＊❉＊🦌＊❉＊∗＊❋＊∘＊∗∘

Anna-Marieke fragt ihre Freundin: „Na, was hast du in den Weihnachtsferien gemacht?"
„Ich war am Strand und hab's mit Wellenreiten probiert. Aber meinst du, ich hätte den Gaul ins Wasser bekommen?"

＊∘＊∗＊❋＊❉＊🦌＊❉＊∗＊❋＊∘＊∗∘

Feiern mit
Familie und Freunden

Die Familie möchte zur Christmesse gehen.
Sagt der Vater zu Theresa: „Wir wollen los.
Hast du endlich deine Schuhe an?"
„Ja, alle bis auf einen."

„Ich habe es geliebt, zu Weihnachten im
Wohnzimmer vor dem knisternden Feuer zu
sitzen!", erzählt Oma. „Leider gefiel das meinem
Vater überhaupt nicht."
Darauf Annika: „Warum nicht?"
„Wir hatten keinen Kamin."

Der Biologielehrer erklärt seinen Schülern, dass es gefährlich sei, Tiere zu küssen: „Krankheiten lassen sich nämlich leicht übertragen."

„Das kenne ich", meint Birgit, „meine Tante hat an Heiligabend ihren Wellensittich geküsst."

„Und ist deine Tante krank geworden?"

„Nein, aber der Wellensittich ist danach eingegangen."

Während des Feiertagsbesuchs bei ihrer Tante Trude stößt die kleine Viktoria eine Vase um, die in tausend Stücke zerspringt.

Der Vater ganz entsetzt: „Viktoria, diese Vase stammte aus dem 19. Jahrhundert!"

Darauf Viktoria erleichtert: „Puh, ich dachte schon, sie sei neu."

Freudig strahlt Denise ihren Onkel Harald an, der zum Weihnachtsessen vorbeikommt: „Schön, dass du kommst, Onkel Harald. Heute Morgen hat Papa noch gesagt: ‚Onkel Harald fehlt uns gerade noch!'"

Über die Feiertage ist Lilly bei ihren Großeltern zu Besuch. Am ersten Weihnachtstag gehen sie gemeinsam spazieren. Da entdeckt Lilly eine Pfütze, in der eine Möhre schwimmt, und meint mitfühlend: „Armer Schneemann!"

Sagt der Vater zu seinem Sohn: „Lukas, zünde doch bitte den Christbaum an!" Nach einer Weile fragt Lukas zurück: „Papa, die Kerzen auch?"

Der Großvater nimmt seine Enkelin Julia
am Weihnachtsmorgen mit in die Kirche.
Dort singt die Gemeinde: „Halleluja,
halleluja, halleluja!"
Als Julia und ihr Großvater nach Hause
kommen, fragen die Eltern Julia: „Na, wie
hat es dir in der Kirche gefallen?"
„Es war spitze und die Leute waren so
nett", erzählt Julia begeistert. „Sie haben
extra für mich ‚Hallo, Julia' gesungen!"

**Großtante Elfriede sitzt am Klavier und
stimmt ein Weihnachtslied an. Flüstert
Alexandra ihrem Bruder zu: „Unsere
Großtante sollte unbedingt im Fernsehen
auftreten."
„Und warum?"
„Dann könnte man sie abstellen!"**

Treffen sich zwei Holzwürmer zu
Weihnachten auf einer Käseplatte. Sagt der
eine: „Na, auch Probleme mit den Zähnen?"

Es ist Heiligabend und Familie Meyer sitzt zum alljährlichen Weihnachtssingen ums Klavier versammelt. Da läutet es an der Tür und Frau Meyer öffnet.
„Guten Tag, ich bin der Klavierstimmer."
„Aber ich habe doch gar keinen Klavierstimmer bestellt."
„Ich bin ja auch ein Geschenk: von Ihren Nachbarn."

Nach der Christmesse geht ein hübsches Mädchen aus dem Kirchenchor an den Freunden Yannik und Lukas vorbei.
Sagt Yannik: „Hast du gesehen, sie hat mich angelächelt!"
Meint Lukas: „Na und? Als ich dich zum ersten Mal gesehen habe, konnte ich ganze zwei Wochen nicht aufhören zu lachen!"

Am Weihnachtsmorgen berichtet Frau Hering ihrer Nachbarin: „Gestern hat mein Mann mir einen Papagei geschenkt, der ist sehr musikalisch. Er kann sogar das Flötenspiel unserer Enkelin nachmachen."

„Toll", sagt die Nachbarin, „und wie hält er die Flöte?"

Beim Festtagsessen: Hendrik hat sich von oben bis unten mit Bratensoße bekleckert. „Oh, ich sehe ja aus wie ein Schwein", stellt er erschrocken fest.

129

„Stimmt", grinst sein großer Bruder, „und bekleckert hast du dich auch!"

Sagt Herr Becker am Weihnachtsmorgen zu seinem Schwiegervater: „Wir haben schon einen tollen Hund. Er bringt uns jeden Tag die Zeitung."

„Na und, was ist so toll daran?", fragt der Schwiegervater.

„Na, wir haben gar keine Zeitung abonniert."

Vor der Bescherung im Kreise der Familie fragt die Oma ihre Enkelin: „Was hast du dir denn dieses Weihnachten vom Christkind gewünscht?"

„Ein Globus."

„Kommt nicht in Frage. Du fährst weiterhin mit dem Schulbus und aufs Klo gehst du zuhause."

Im Kindergarten: „Du Pia, stimmt es, dass du an Heiligabend einen Bruder bekommen hast?"

„Ja, das stimmt."

„Toll, ein kleines Christkind. Wie heißt er denn?"

„Ich bin mir nicht sicher. Er spricht so undeutlich."

✶☆✶*✶☆✶*✶☆✶*✶☆✶

Katharina will an Heiligabend einfach nicht schlafen gehen. Sagt ihr Vater ungeduldig: „Gehst du jetzt endlich freiwillig ins Bett oder soll ich dir ein Gutenachtlied vorsingen?"

✶☆✶*✶☆✶*✶☆✶*✶☆✶

Tante Marlene ist zum großen Festessen zu Besuch. Als sie die schmutzige Tischdecke sieht, sagt sie empört: „Davon kann ich aber unmöglich essen!"

„Keine Sorge", winkt Annika ab, „wir essen natürlich von Tellern."

Greta sitzt beim Friseur. „Ich soll am zweiten Weihnachtstag mit zu meiner Tante Barbara. Können Sie mir die Haare so schneiden, dass ich nicht mitdarf?"

Ben geht zum Bäcker: „Ich hätte gerne fünfzehn Christstollen."
„Aber davon wird dir doch die Hälfte hart!"
„Stimmt. Dann nehme ich dreißig."

Was ist der Unterschied zwischen einem Elefanten und einem Christstollen? Den Elefanten kann man an Weihnachten nicht in den Tee tunken.

Zwei Milchflaschen stehen beim alljährlichen Weihnachtsbrunch der Familie Müller auf dem Tisch.
Fragt die eine: „Was ist denn mit dir los?"
Sagt die andere: „Lass mich in Ruhe! Ich bin sauer."

Zu Weihnachten gibt es einen traditionellen Früchtekuchen.
Fragt der dicke Onkel Magnus seine Schwägerin:
„Kann ich zwei Stückchen Kuchen haben?"
„Aber natürlich! Hier ist ein Messer. Damit kannst du dein Stück einfach durchschneiden."

Der Opa möchte seinem kleinen Enkel eine Weihnachtsfreude bereiten und verkleidet sich als Weihnachtsmann. Dann geht er ins Zimmer und sagt sein Gedicht auf: „Drauß' vom Walde komm' ich her. Ich muss euch sagen, es weihnachtet sehr, und überall auf den Tannenspitzen, sah ich die goldenen Lichtlein blitzen." Daraufhin der Enkel zu seiner Mutter: „Du Mama, ist der Opa schon wieder betrunken?"

Die Familie sitzt beim Weihnachtsessen. Schimpft der Großvater: „Louis, wie oft habe ich dir schon gesagt, du sollst am Tisch nicht mit den Füßen zappeln? Hast du keine Ohren?"
„Doch, aber mit den Füßen zappelt es sich viel besser!"

An Heiligabend ermahnt der Holzwurmvater seine Kinder: „Kommt endlich rein, das Essen wird morsch!" Und verkriecht sich im Weihnachtsbaum.

Die Mottenmutter an Heiligabend zu ihren Kindern: „Wer keine Wollsocken frisst, bekommt auch nichts vom Kaschmirschal."

Ulrike und ihre Mutter betrachten am Weihnachtsmorgen alte Fotoalben.
Ulrike: „Wer ist der Dünne mit den roten Locken?"
„Das ist dein Vater."
„Und wer ist dann der Dicke mit der Glatze, der bei uns wohnt?"

Weihnachtsmatz   Weihnachtsmacker   Weihnachtsmann

Der junge Vater weckt am Weihnachtsmorgen seinen vierjährigen Sohn: „Maurice, aufwachen. Stell dir vor, du hast heute Nacht ein Schwesterchen bekommen!"
Da meint Maurice: „Wie schön, das muss ich gleich Mama erzählen!"

Johanna sitzt beim Weihnachtsessen und verlangt: „Kartoffelknödel!"
Darauf ihre Mutter: „Wie heißt das Zauberwort, Johanna?"
„Simsalabim!"

Onkel Heinrich kommt zu seinem
jährlichen Weihnachtsbesuch.
Fragt Tamara: „Wie lange bleibst du denn
diesmal?"
„Bis ich euch auf die Nerven gehe."
„Ach, nur so kurz?"

Der erste Schultag nach den Weihnachtsferien.
Der Lehrer stellt das Aufsatzthema:
‚Festtagsbesuch bei der Verwandtschaft'.
Ella ist als Erste fertig.
„Na, dann lies doch gleich mal vor, was du
geschrieben hast", fordert der Lehrer sie auf.
„Am zweiten Weihnachtstag fuhr ich zu meinen
Verwandten. Aber sie waren nicht zu Hause."

*****❄✳❄✳❄✳🦌✳❄*✳❄*✳****

Familie Bauer sitzt beim Weihnachtsessen.
Meint die Mutter zur kleinen Tina: „Du sollst
nicht immer über den Tisch greifen. Hast du
denn keinen Mund?"
Darauf Tina: „Doch, aber mit der Hand
komme ich besser hin!"

*****❄✳❄✳❄✳🦌✳❄*✳❄*✳****

„Möchtest du noch ein Stückchen Braten?", fragt die Tante Rosemarie beim Weihnachtsessen. „Ja, aber bitte gar nicht viel", antwortet Paul. „Nur so ein lächerlich kleines Stück wie das erste Mal."

Treffen sich am Weihnachtsmorgen zwei Hunde. Fragt der eine: „Wie heißt du denn?" Antwortet der andere: „Ich bin mir nicht sicher, aber ich glaube, ich heiße ‚Platz.'"

Fragt Anja ihre Freundin: „Besteht dein Vater auch darauf vor dem Weihnachtsessen zu beten?"

„Nein, meine Mutter kocht eigentlich ganz gut."

Linda schaut beim Weihnachtsessen in den Garten der Nachbarn hinüber und sagt: „Mami, die Katze von nebenan mag ich nicht."

„Dann iss wenigstens den Brokkoli."

Nadja findet Rotkohl ganz widerlich. Damit sie ihn an Heiligabend trotzdem isst, denkt ihr Vater sich ein Spiel aus: „Stell dir vor, du wärst ein Bus und jeder Löffel wäre ein Fahrgast, der einsteigt."

Nadja willigt ein und ihr Vater füttert sie. „Hier kommt der erste Fahrgast, hier der zweite, hier der dritte ..."

Nach dem zehnten Löffel ruft Nadja: „Achtung Endstation! Alle aussteigen!"

Geschenke!
Geschenke!
Geschenke!

Trifft der Weihnachtsmann einen
Frosch am Gartenteich und fragt:
„Was wünschst du dir denn zu
Weihnachten?"
Sagt der Frosch: „Quark."

Der Weihnachtsmann wird in seiner
Werkstatt ans Telefon gerufen: „Hallo,
ich möchte Ihnen mitteilen, dass meine
Tochter immer artig war und ganz viele
Geschenke verdient hat."
„Wer spricht denn da?"
„Meine Mutter."

Frau Reinhard ist auf der Suche nach einem Weihnachtsgeschenk für ihren Mann. Im Sportgeschäft wird sie fündig: „Wie viel kostet diese Snowboardausrüstung?"
„Die ist im Sonderangebot. Sie müssen nur noch den halben Katalogpreis bezahlen."
„In Ordnung. Wie viel kostet denn der Katalog?"

**„Zu Weihnachten wünscht Mama sich ein braves und artiges Kind."
Fragt Ole: „Darf ich dann mit dem Kind spielen?"**

Mit dem Fahrrad, das Patrick zu Weihnachten bekommen hat, übt er halsbrecherische Kunststücke. „Schau mal, Papi, ohne Hände!"
Nach einer Weile. „Schau mal, Papi, ohne Hände und Füße!"
Ein Sturz, ein Knall und Patrick schreit:
„Schau mal, Papi, ohne Schähne!"

Patrizia zu ihrer Freundin: „Ich hätte so gerne einen Golden Retriever zu Weihnachten, aber meine Mama lässt keine Hunde ins Haus."
„Und dein Papa?"
„Der darf schon rein."

Sagt der kleine Matthias zum Verkäufer: „Ich suche ein Weihnachtsgeschenk für meine Oma – eine schöne Keksdose."

„Und wie soll sie aussehen?"
„Das ist egal. Hauptsache, der Deckel geht ganz leise auf und zu!"

Fragt Herr Müller seine Frau: „Wie gefällt dir der Mixer, den ich dir zu Weihnachten geschenkt habe?"
„Super. Spinat rein, Mixer an, Küche neu gestrichen."

Fragt Julius seine Mutter:
„Warum darf ich mir kein Schlagzeug zu Weihnachten wünschen?"
Antwortet die Mutter: „Weil ich den Lärm nicht ertrage."
Sagt Julius: „Aber ich werde doch nur spielen, wenn du schläfst!"

Der Postbote bringt Marlene zu Weihnachten ein Päckchen von ihrer Oma. Darin ist ein Buch. Erstaunt fragt Marlene: „Was ist das, Papi?"
„Das nennt man ein Buch", erklärt ihr der Vater. „Daraus werden Filme fürs Fernsehen gemacht."

145

Eine Mutter wünscht sich von ihrem Sohn zu Weihnachten endlich bessere Noten in der Schule. Woraufhin der Sohn meint: „Das geht leider erst im nächsten Jahr wieder, weil heute hab' ich schon was anderes für dich."

Sagt Moritz zu seinem Freund: „Ich habe zu Weihnachten einen Hund bekommen, der seinen eigenen Namen sagen kann!" „Ist ja cool! Wie heißt er denn?" „Wuff."

Marcel bekommt eine Digitaluhr zu Weihnachten geschenkt. Sein Bruder möchte wissen, wie spät es ist. Marcel guckt auf seine Uhr: „Es ist vierzehn geteilt durch drei. Aber das musst du schon selbst ausrechnen."

Ein Schwabe bekommt zu Weihnachten eine Leselampe geschenkt. „Oh nein! Jetzt muss ich mir auch noch ein Buch kaufen!", stöhnt er.

Sagt Lars zum Weihnachtsmann:
„Lieber Weihnachtsmann, ich möchte gerne einen neuen Laptop zu Weihnachten haben."
Darauf der Weihnachtsmann:
„Man sollte aber nicht nur ans Haben denken, sondern auch ans Geben."
„Na gut, dann gib mir bitte einen neuen Laptop zu Weihnachten."

„Oma, die antike Vase, die du letztes Jahr zu Weihnachten bekommen hast und wegen der du dir immer solche Sorgen gemacht hast …"

„Was ist damit?"

„Du brauchst dir keine Sorgen mehr zu machen."

Egal wie neu die Torwarthandschuhe sind, die der Weihnachtsmann dir gebracht hat, Manuels sind Neuer.

Ellena geht in eine Zoohandlung:
„Ich möchte meiner Mama eine
Brieftaube zu Weihnachten
schenken."
„Hier habe ich etwas viel
Besseres. Einen Briefpapagei."
„Und warum ist der besser als
eine Brieftaube?"
„Na, wenn er sich verirrt, kann er
nach dem Weg fragen."

⁕⁑⁂✰⁑⁂✰⁑⁂🎁⁑⁂✰⁑⁂✰⁑⁂✰⁑

*Eine Frau kauft ihrem Hund zu
Weihnachten einen neuen
Trinknapf.*
*„Möchten Sie, dass ich Ihnen ‚Für
den Hund' auf den Napf graviere?",
fragt die Verkäuferin freundlich.*
*„Nein danke, das ist nicht nötig",
lehnt die Frau ab. „Mein Hund kann
nicht lesen und mein Mann trinkt
kein Wasser."*

149

⁕⁑⁂✰⁑⁂✰⁑⁂🎁⁑⁂✰⁑⁂✰⁑⁂✰⁑

Karins Opa liest die Weihnachtsgeschichte vor: „Und Maria gebar Josef ein Kind ..."
Da fragt Karin neugierig: „Was bedeutet ‚gebar'?"
„Das ist so etwas Ähnliches wie ‚schenken'."
„Ach so."
Nach den Ferien schreibt Karin in einem Aufsatz: „Zu Weihnachten gebar mir meine Schwester einen Hamster."

Zu Weihnachten bekommt Adam eine wasserdichte Uhr von seinem großen Bruder. Ganz begeistert fragt er ihn: „Das ist klasse. Warum schenkst du mir gerade eine wasserdichte Uhr?"
„Weißt du", meint sein Bruder, „die kannst du anlassen, wenn du später das Geschirr spülst."

Was wünscht sich ein Vampir zu Weihnachten? Blutorangen.

Fragt der Weihnachtsmann am Weihnachtsabend seine Frau: „Liebling, freust du dich denn gar nicht über deinen neuen Taschenrechner?"
„Nein, ich weiß doch, wie viele Taschen ich habe."

An Heiligabend erzählt Fabian seiner Mama stolz: „Ich hab so viele Geschenke für Papa, dass er sie gar nicht auf einmal tragen kann."
„Toll", staunt seine Mutter, „was hast du denn alles?"
„Zwei Krawatten."

151

Nach Weihnachten bekommt Kurt im Gefängnis Besuch von seiner Freundin Marta.

„Na Kurt, hast du die Nagelfeile gefunden, die ich zu Heiligabend im Christstollen versteckt habe?"

„Ja, danke", flüstert Kurt.

„Und?"

„Ich hab jetzt die schönsten Zehennägel von allen Gefangenen!"

Beim Geschenkeverpacken herrscht ein heilloses Chaos. Sagt der Weihnachtsmann zu den Elfen: „Okay, wir müssen wohl noch mal ganz von vorne anfangen. Also, das ist das Geschenkpapier."
Darauf der Elf Jens: „Kann ich das bitte noch mal sehen?"

Sagt der Opa zu Lara: „Zu Weihnachten darfst du dir ein Buch von mir wünschen."
„Danke, Opa. Dann wünsche ich mir dein Sparbuch."

Stolz zeigt Bernd sein Weihnachtsgeschenk, einen nagelneuen Computer: „Der ist wirklich klasse! Wenn man ihm eine dumme Frage stellt, kichert er fröhlich!"

„Pass mal auf, ich habe zu Weihnachten einen neuen Hund bekommen", sagt Antonia. „Wenn du ihm zwei Euro gibst, kauft er dir gebrannte Mandeln!"

„Das stimmt überhaupt nicht!", beschwert sich Monika.

„Das hast du gestern auch schon gesagt, und ich habe ihm einen Fünfer gegeben, aber er ist nicht wiedergekommen!"

„Zwei Euro, habe ich gesagt!", antwortet Antonia. „Wenn du ihm fünf Euro gibst, geht er zum Schlittschuhlaufen."

Die Armbanduhr, die der Ostfriese
zu Weihnachten bekommen hat,
bleibt nach wenigen Tagen stehen.
Nach langem Hin und Her öffnet er
das Gehäuse. Eine tote Ameise fällt
heraus.
„Aha, Maschinist gestorben!"

Fragt die Großmutter ihre Enkelin:
„Hast du deinem neuen Papageien
etwa diese hässlichen
Schimpfwörter beigebracht?"
„Nein, ich habe ihm extra
wiederholt, welche Wörter er auf
keinen Fall sagen darf!"

Florian bekommt zu Weihnachten eine
kleine Schildkröte geschenkt. Er betrachtet
sie eingehend von allen Seiten und fragt:
„Wie öffnet man denn den Deckel? Ich
möchte sie gerne streicheln."

Kevin hat einen Papagei zu Weihnachten bekommen und versucht ihm das Wort „Hallo" beizubringen. Den ganzen Nachmittag sagt er ihm vor: „Hallo ... hallo ... hallo ...". Der Vogel beobachtet ihn eine Weile aufmerksam und krächzt dann: „Besetzt!"

„Sag Oma bitte nicht, dass ich ihr Pralinen zu Weihnachten gekauft habe."
„Willst du sie überraschen?"
„Nein, aber ich habe die Pralinen schon aufgegessen."

Haralds Kumpel schwärmt: „Irre, du hast ein richtiges Chemielabor zu Weihnachten bekommen!"

156

„Quatsch, das ist der Schminktisch meiner großen Schwester."

Sandra probiert begeistert ihre neuen Schuhe
an und tanzt um den Weihnachtsbaum.
„Ich fühle mich wie in meiner eigenen Haut!",
schwärmt sie.
„Kein Wunder", grinst da ihr kleiner Bruder,
„die sind ja auch aus Ziegenleder."

Die kleine Stephanie möchte ihrem Opa
einen Pullover zu Weihnachten schenken.
Der Verkäufer fragt: „So einen, wie ich
trage?"
„Nein, einen schönen bitte."

Empört betritt eine Frau die Tierhandlung.
„Der Wellensittich, den Sie mir zu Weihnachten
verkauft haben, ist heute Nacht gestorben!"
Darauf der Zoohändler: „Komisch, bei mir hat er so
was nie gemacht."

„Ich hätte gerne einen Satz Weihnachts-
briefmarken", sagt Max zum Postbeamten.
„Aber können Sie den Preis abmachen? Es soll
nämlich ein Geschenk für meine Oma sein."

Patrick ruft seinen Onkel an, um sich für sein
Weihnachtsgeschenk zu bedanken.
„Ach", meint der Onkel, „schön, dass du an-
rufst, aber das war ja kaum der Rede wert."
Darauf Patrick: „Das hat Mama auch gesagt,
aber ich soll mich trotzdem bedanken."

Am ersten Weihnachtstag kommt der
Nachbar wütend zu Louise: „Deine neue
Katze hat meinen Kanarienvogel
gefressen!"
„Oh, gut, dass Sie mir das sagen! Dann
gebe ich ihr heute nichts mehr."

Sagt die Verkäuferin zu Frau Weihnachtsmann: „Diesen schönen roten Mantel kann Ihr Mann das ganze Jahr tragen."

„Auch im Sommer?"

„Ja, im Sommer trägt er ihn einfach über dem Arm. Das perfekte Geschenk!"

Eine Mutter geht in eine Tierhandlung. „Ich möchte meinem Sohn zu Weihnachten einen Goldfisch schenken. Was kostet der?"

„Zehn Euro!"

„Was?! So teuer? Haben Sie vielleicht auch Silberfische?"

Nach den Ferien fragt der Lehrer im Biologieunterricht: „Welcher Vogel baut kein Nest?"

„Der Kuckuck."

„Richtig. Und warum baut der Kuckuck kein Nest?"

„Na, weil er in der Uhr wohnt, die ich meinem Opa zu Weihnachten geschenkt habe!"

Warum Weihnachtskalender
keine 31 Türchen haben.